Inhalt

Lärm - Schallschutz wird Wettbewerbsvorteil

Kernthesen

Beitrag

Fallbeispiele

Weiterführende Literatur

Impressum

Lärm - Schallschutz wird Wettbewerbsvorteil

Manuel Berkel

Kernthesen

- Betrieblicher Lärmschutz wird wegen längerer Lebensarbeitszeiten wichtiger.
- Lärmschutz kann dazu beitragen, Mitarbeiter für ein Unternehmen zu gewinnen.
- Zu Lärmschutz bei Infrastrukturprojekten urteilen Gerichte in jüngster Zeit häufiger im Sinne der Anwohner.
- Kommunen erstellen Lärmaktionspläne, die sich vor allem auf Betriebe des Transportgewerbes auswirken können.
- Lärmschutz bietet für einige Unternehmen auch Geschäftschancen.

Beitrag

Lärm hat verschiedene Auswirkungen auf Unternehmen. Innerhalb des Betriebes kann er die eigenen Mitarbeiter in Mitleidenschaft ziehen. Emissionen können Anwohner beeinträchtigen, öffentliche Lärmschutzmaßnahmen sich negativ auf die eigene Lieferkette auswirken. Der Schutz der Mitarbeiter gerät in Büros zunehmend in den Fokus, weil der Trend aus Kostengründen zu Großraumbüros geht, eine angenehme Arbeitsatmosphäre zu einer ausgewogenen Work-Life-Balance gehört und damit im Konkurrenzkampf der Unternehmen um qualifizierte Arbeitskräfte einen Vorteil bei der Personalgewinnung bietet. Zudem steigt die Zahl der Krankmeldungen wegen psychischer Beschwerden. Lärm kann solche Leiden verstärken. In Deutschland sind nach Schätzungen etwa fünf Millionen Menschen Lärm am Arbeitsplatz ausgesetzt. [3]

Mobile Absorber auf dem Vormarsch

Zur Schalldämpfung werden in Büros und Industriehallen standardmäßig meist entsprechende Wände, Decken und Böden eingebaut. Ergänzt werden sie aber mehr und mehr durch eine schallabsorbierende Büroausstattung. Dazu gehören spezielle Schränke, mikroperforierte Trennwände und Schreibtische, die mit zusätzlichen Paneelen ausgestattet sind. Schwieriger ist der Schallschutz in verkachelten Hygienebereichen. Für solche Räume gibt es spezielle Absorberelemente für Decken und Wände oder zum Aufstellen an Maschinen. Die Elemente haben keine Schmutzkanten oder Hohlräume, in denen sich Bakterien festsetzen können, und lassen sich nach besonderen hygienischen Anforderungen reinigen. (2), (3)

Anwohner rund um die Betriebsstätte betrachten Lärmimmissionen zunehmend kritisch. Zudem entstehen gerade in Innenstadtlagen immer mehr neue Wohnungen, oder aber Altbauten werden aufwändig saniert, sodass ein anspruchsvolleres Klientel einzieht. Wenn kleine Gewerbebetriebe wie Fleischereien oder Bäckereien nicht in Gewerbegebiete umziehen wollen, wird ein wirksamer Lärmschutz also immer wichtiger. (4)

Umweltbundesamt will Fahrverbote für Lkw

Strengere Lärmschutzvorschriften treffen vor allem das Logistikgewerbe und damit indirekt das gesamte produzierende Gewerbe, zum Beispiel über höhere Frachtkosten. Das Umweltbundesamt spricht sich für konsequenteren Lärmschutz aus. Zu den möglichen Maßnahmen zählen strengere Nachtflugverbote, Tempobeschränkungen, nächtliche Durchfahrtverbote für Lastwagen, bessere Lärmschutzvorrichtungen an Verkehrswegen und leisere Güterwaggons. (5), (6)

Trends

Kommunen mussten bis Juli dieses Jahres Lärmaktionspläne nach der EU-Umgebungslärmrichtlinie erstellen, was mehr als die Hälfte der deutschen Bevölkerung betrifft. Infolgedessen könnten mehr Kommunen in Zukunft gezwungen sein, Lastwagen die Fahrt durch lärmsensible Viertel zu verbieten, wenn es geeignete Ausweichrouten gibt. Seit Juni gelten für laute Güterzüge zudem höhere Trassenpreise für die Benutzung des Schienennetzes der Deutschen Bahn. Durchschnittlich kostet jeder zurückgelegte Kilometer drei Cent mehr, nämlich 2,72 Euro. Ein Güterzug von Mannheim nach Hamburg kostet dann rund 1 480 Euro, 15 Euro mehr als bisher. (6), (7)

Logistikbranche fordert Schutz für

Frachtflüge

Bei Fluglärm entscheiden Gerichte in jüngster Zeit stärker für den Schutz der Anwohner. Das Bundesverwaltungsgericht urteilte, dass auf dem Frankfurter Flughafen zwischen 23 und 5 Uhr keine Flugzeuge starten oder landen dürfen. Zuvor hatte die Landesregierung Ausnahmen für 17 Nachtflüge genehmigt. In einem wegweisenden Verfahren gegen den Flughafen Wien urteilte der Europäische Gerichtshof (EuGH), dass bei großen Infrastrukturprojekten auch der Vermögensschaden Privater berücksichtigt werden muss. Das deutsche Luftfrachtgewerbe hat sich deshalb in einem gemeinsamen Papier vom Sommer dafür eingesetzt, verstärkt auf leisere Technik und neue Anflugverfahren zu setzen. Bund und Länder sollen der Branche zufolge festlegen, an welchen Standorten Nachtflüge für die deutsche Wirtschaft unverzichtbar sind. (6), (8)

Elektroautos häufig nicht leiser

Im innerstädtischen Verkehr sind ab 2019 Entlastungen in Städten mit Straßenbahnen zu erwarten, weil dann der sogenannte Schienenbonus für Schienenfahrzeuge entfällt. Um die strengeren Grenzwerte erfüllen zu können, werden Kommunen wahrscheinlich an einigen Standorten Lärmschutzwände aufstellen müssen. Von Elektro-Pkw ist allerdings nach einer Studie des Umweltbundesamtes nur ein geringer Lärmspareffekt zu erwarten. Elektrisch betriebene Pkw seien nur bis zu einer Geschwindigkeit von 25 km/h deutlich leiser als Autos mit Verbrennungsmotor. Jenseits dieser Geschwindigkeit steige aber das Reifengeräusch. Sehr hilfreich für den Lärmschutz seien allerdings elektrisch betriebene Zweiräder und öffentliche Busse. Bei schweren Nutzfahrzeugen sei der Antrieb bis zu einer Geschwindigkeit von 50 km/h die stärkste Lärmquelle, außerdem bremsen Busse häufig und fahren wieder an. Elektrisch angetriebene Mopeds und Motorräder könnten sogar laut UBA fast so leise wie Fahrräder sein. (9)

Fallbeispiele

Die Bausparkasse Schwäbisch Hall ermittelte in einer Mitarbeiterbefragung, dass sich die Beschäftigten des Call Centers einen besseren Lärmschutz in ihrem Großraumbüro wünschten. Als Gegenmaßnahme wurde das Läuten von Telefonen von einem Tonsignal auf ein Blinken umgestellt. Als Schall- und Sichtschutz wurden außerdem Dutzende große Pflanzen aufgestellt. Die Krankheitsquote im Call Center sank durch solche Maßnahmen deutlich. (1)

In einer ähnlichen Aktion befragte das Unternehmen Henkel 500 Mitarbeiter aus der Produktion in seinem Stammwerk, welche Maßnahmen sie benötigten, um bis 67 arbeiten zu können. Für die Fahrer von Radladern und Gabelstaplern wurden daraufhin Fahrzeuge mit Lärmschutzkabine angeschafft. Für Beschäftigte in den mechanischen Werkstätten wurde ein Ruheraum für Pausen errichtet. (10)

Leisere Pumpen für Hydraulik

Für den Lärmschutz der Anwohner hat der Bäcker Falk Hafendörfer aus der Stuttgarter Innenstadt Schalldämpfer zum Beispiel auf Kaminen, Schallschutzfenster sowie schalldichte Tore installiert und unter vibrierenden Maschinen Entkopplungsmasse verlegt. Als nicht-investive Maßnahme lädt der Inhaber Nachbarn zu Betriebsfeiern ein und verteilt Gutscheine für neue Produkte. (4)

Für einige Branchen bietet Lärmschutz auch eine interessante Geschäftsmöglichkeit. Die Firma Bosch Rexroth hat zum Beispiel leisere Außenzahnradpumpen für Hydrauliksysteme entwickelt. Das Geräusch der Pumpen ist im Vergleich zu herkömmlichen Modellen um 15 Dezibel geringer. Zudem wird das Geräusch als weniger störend empfunden, weil es in einen niedrigeren

Frequenzbereich gedrückt wurde. Die Einsatzmöglichkeiten der Pumpen sind zahlreich. In Frage kommen viele Arten von Maschinen und der Anlagenbau. Konkret werden sie in Landmaschinen, Aufzügen oder Maschinen im Wirtschaftsbereich von Krankenhäusern und Hotels eingesetzt, die so auch nachts arbeiten können. (11)

Weiterführende Literatur

(1) Gutes Klima WORK-LIFE-BALANCE Wer herausragende Mitarbeiter an sich binden will, muss mehr bieten als hohe Gehälter. Gute Chefs haben auch das Privatleben im Blick - und taugen selbst als Vorbild
aus impulse vom 28.06.2012, Seite 42-49

(2) Büros der Zukunft
aus c't - Magazin für Computertechnik, 04/2013, S. 70

(3) Lärm in sensiblen Umgebungen mindern
aus Fleischwirtschaft 05 vom 24.05.2013 Seite 044 bis 045

(4) Auf gute Nachbarschaft
aus Allgemeine BäckerZeitung Nr. 20 vom 12.10.2013 Seite 003

(5) Schrei nach Stille
aus DER SPIEGEL vom 30.09.2013 Seite 47

(6) Viel Krach um Lärm
aus WirtschaftsWoche NR. 021 vom 18.05.2013 Seite 016

(7) Immer auf die Ohren
aus DVZ, Nr. 61 vom 30.07.2013

(8) Spitzenvertreter der deutschen Luftfracht haben beim ersten Branchengespräch Luftfracht am Mittwoch in Frankfurt ein Positionspapier mit Forderungen für bessere Rahmenbedingungen in der Luftfracht vorgestellt.
aus KEP-Nachrichten Nr. 34 vom 22. August 2013

(9) Krachmacher Elektroauto
aus SPIEGEL ONLINE

(10) Henkel macht sich fit für Rente mit 67
aus Lebensmittel Zeitung 43 vom 25.10.2013 Seite 040

(11) Mehr Gewinn mit weniger Lärm
aus Entsorga Magazin 10 vom 19.10.2012 Seite 046 bis 049

Impressum

Lärm - Schallschutz wird Wettbewerbsvorteil

Bibliografische Information der deutschen Nationalbibliothek

Die Deutsche Nationalbibliothek verzeichnet diese Publikation in der deutschen Nationalbibliografie; detaillierte bibliografische Daten sind im Internet über http://dnb.d-nb.de abrufbar.

ISBN: 978-3-7379-1548-9

© 2015 GBI-Genios Deutsche Wirtschaftsdatenbank GmbH, Freischützstraße 96, 81927 München, www.genios.de

Alle Rechte vorbehalten. Dieses Werk ist einschließlich aller seiner Teile – z.B. Texte, Tabellen und Grafiken - urheberrechtlich geschützt. Jede Verwertung außerhalb der Grenzen des Urheberrechtsgesetzes bedarf der vorherigen Zustimmung des Verlags. Dies gilt insbesondere auch für auszugsweise Nachdrucke, fotomechanische Vervielfältigungen (Fotokopie/Mikroskopie), Übersetzungen, Auswertungen durch Datenbanken oder ähnliche Einrichtungen und die Einspeicherung und Verarbeitung in elektronischen Systemen.